BEI GRIN MACHT SICH IHR WISSEN BEZAHLT

- Wir veröffentlichen Ihre Hausarbeit, Bachelor- und Masterarbeit

- Ihr eigenes eBook und Buch - weltweit in allen wichtigen Shops

- Verdienen Sie an jedem Verkauf

Jetzt bei www.GRIN.com hochladen und kostenlos publizieren

Bibliografische Information der Deutschen Nationalbibliothek:

Die Deutsche Bibliothek verzeichnet diese Publikation in der Deutschen National-
bibliografie; detaillierte bibliografische Daten sind im Internet über http://dnb.d-
nb.de/ abrufbar.

Impressum:

Copyright © 2018 GRIN Verlag
Druck und Bindung: Books on Demand GmbH, Norderstedt Germany
ISBN: 9783668723283

Dieses Buch bei GRIN:

https://www.grin.com/document/428655

Natalja Geringer

Politische Möglichkeiten der Medien. Niklas Luhmanns System der Massenmedien

GRIN Verlag

GRIN - Your knowledge has value

Der GRIN Verlag publiziert seit 1998 wissenschaftliche Arbeiten von Studenten, Hochschullehrern und anderen Akademikern als eBook und gedrucktes Buch. Die Verlagswebsite www.grin.com ist die ideale Plattform zur Veröffentlichung von Hausarbeiten, Abschlussarbeiten, wissenschaftlichen Aufsätzen, Dissertationen und Fachbüchern.

Friedrich-Schiller-Universität Jena
Wintersemester 2017/2018

Politische Möglichkeiten der Medien

Niklas Luhmanns System der Massenmedien

Vorgelegt von:
Natalja Geringer

Abgabedatum: 30.03.2018

Inhaltsverzeichnis

1. Einleitung

„Die Medien sind ja die vierte Gewalt", war ein Ausspruch eines ehemaligen Chefredakteurs der „Berliner Zeitung". Schließlich sind der Zugang zu Informationen und der freie Austausch der Bürger wesentliche Voraussetzungen für die politische Willensbildung, weshalb sie auch als eines der besonders sensiblen Güter der Demokratie gelten. Die Medien informieren zum einen die Bevölkerung über das politische Geschehen, aber auch der Regierung kann so ein Bild von den Interessen und Sorgen der Bevölkerung geliefert werden, weswegen die Medien als vierte Gewalt bezeichnet werden können.

So nehmen die Medien einen entscheidenden Einfluss auf die Politik und die Politik bestimmt die Medien. Nach Niklas Luhmann versteht man die beiden Bereiche als Systeme die sich somit gegenseitig beeinflussen können. Aber ist dies überhaupt gewährleistet, wenn Systeme doch eigentlich geschlossen sind und nur innerhalb des eigenen Systems kommuniziert werden kann?

Diese Fragestellung soll in der folgenden Arbeit vordergründig genauer erörtert werden. Im Anschluss soll aber auch die Frage beantwortet werden, warum und auf welche Art und Weise Medien die Politik beeinflussen können.

Um diese Fragen gründlich beantworten zu können, muss zuerst der theoretische Rahmen betrachtet werden. Dazu gehören kurze Überblicke über die Systemtheorie Luhmanns im Allgemeinen sowie eine Umriss der sozialen Systeme. Anschließend soll innerhalb dieses Abschnitts die Kommunikation innerhalb von Systemen betrachtet werden. Anknüpfend an das allgemeine Theorieverständnis werden dann das Medien- und das Politiksystem nach Luhmanns Verständnis genauer betrachtet sowie das Verhältnis der beiden Teilsysteme zueinander beschrieben. Im Anschluss daran sollen die theoretischen Ergebnisse in der Praxis beziehungsweise an Beispielen aufgezeigt werden. Dazu werden die Presse und Online-Medien als wichtigste Informationsquellen im Bereich der Medien herangezogen. Schlussendlich sollen in einem Fazit die beiden Fragen zusammenfassend beantwortet werden.

2. Theoretischer Rahmen

Im folgenden Kapitel sollen nun die Definition von „System" und „sozialem System" nach Niklas Luhmann erläutert sowie nachfolgend die Kommunikation in Teilsystemen und die Beobachtung der Gesellschaft beleuchtet werden.

2.1 Was ist ein System?

Luhmann unterscheidet die drei Differenzierungsmuster: der segmentären[1], der stratifikatorischen[2] sowie der funktionalen Differenzierung. Laut der funktionellen Differenzierung lässt sich die Gesellschaft in ungleiche Teilsysteme unterschiedlicher spezifischer Funktion unterteilen und liefert somit die Grundlage für den Systembegriff (vgl. Marcinkowski 1993: 35).

Der Ursprung der Systemtheorie liegt in der Differenzierung die zwischen dem einen und dem anderen – der Entscheidung was ein System und was die Umwelt ist (vgl. Luhmann/Baecker 2009: 67). Denn „[d]ie Aussage, ,es gibt Systeme' besagt also nur, dass es Forschungsgegenstände gibt, die Merkmale aufweisen, die es rechtfertigen, den Systembegriff anzuwenden; so wie umgekehrt dieser Begriff dazu dient, Sachverhalte herauszuabstrahieren, die unter diesem Gesichtspunkt miteinander und mit andersartigen Sachverhalten auf gleich/ungleich hin vergleichbar sind" (Luhmann 1984: 16). Was dabei letztendlich als System zusammengefasst wird, hängt vom jeweiligen Erkenntnisziel ab. Gegenstände, die, um ihre Beziehungen zur Umwelt zu betrachten, unter einem bestimmten Begriff oder einem bestimmten Aspekt zusammengefasst werden, können als Systeme erfasst werden (vgl. Jarren/Donges 2006: 42).

Nach Spencer Browns Formanalyse ist ein „System" eine Form, die wiederum als Differenz von System und Umwelt bezeichnet wird. Demnach ist die Unterscheidung zwischen Umwelt und System eine Reaktion auf eine Weisung, die das System bezeichnet, die Umwelt aber nicht. Daraus folgt, dass das System eine Form mit zwei Seiten ist. Brown definiert den Formbegriff allerdings als durch einen Operator beziehungsweise ein Operationsweise. Luhmann hingegen verfolgt einen operationalistischen Ansatz, wonach ein System eine Verkettung von Operationen ist. Dies bedeutet, dass kein eimaliges Ereignis ein System

---

[1] Die segmentäre Differenzierung unterteilt die Gesellschaft in gleiche Teilsysteme auf der Grundlage gleicher Kristallisationspunkte, wie die Verwandtschaft und/oder das räumliche Zusammenleben (vgl. Marcinkowski 1993: 35).

[2] „Die stratifikatorische Differenzierung gliedert die Gesellschaft auf der Basis sozialer Ungleichheit in Schichten. Die so entstehende Rangordnung ungleicher Teile kann auf Landbesitz oder sonstigem Wohlstand, Zugang zu politischer Macht, Zugang zu Berufen oder anderen Prinzipien beruhen." (ebenda)

erzeugt, sondern eine bestimmt Art von Operationen, die anschlussfähig sind, ein System bilden (vgl. Luhmann/Baecker 2009: 75-77). „Die Differenz von System und Umwelt entsteht alleine aus der Tatsache, dass eine Operation eine weitere Operation gleichen Typs erzeugt." (Luhmann/Baecker 2009: 77). Diese zirkulierende Selbstproduktion beschreibt die Autopoiesis eines Systems und bildet auch gleichzeitig die wichtigste Eigenschaft von Systemen. Daraus resultiert ebenfalls, dass ein System die eigene Anschlussfähigkeit kontrollieren muss. Eine Operation schließt an eine andere an und diese schließt erneut an eine andere Operation innerhalb des Systems an. So kann sich ein System von seiner Umwelt unterscheiden. Dies suggeriert, dass Systeme operational geschlossen sind und man in ein System von außen nicht eingreifen kann. Dementsprechend zieht sich ein System mit den Operationen eigene Grenzen und unterscheidet sich so von der Umwelt. Ein System erzeugt sich dementsprechend durch systemspezifische Operationen selber. Die Charakteristik der Operation bestimmt somit auch den Typ des Systems (vgl. ebenda). Anhand der Differenzierung in „Offen" und „Geschlossen" unterscheidet Luhmann verschiedene Arten von Systemen, etwa biologische, psychische oder soziale.

Ein System lässt sich demnach nur durch seine Funktion von anderen System oder der Umwelt differenzieren und nimmt dabei eine problemlösende Funktion ein, die nur es selbst und kein anderes System erfüllen kann (vgl. Marcinkowski 1993: 36).

2.2 Theorie sozialer Systeme

Die funktionale Differenzierung setzt einen Bezugspunkt voraus, wobei nach Luhmann die „Komplexität der Welt" den obersten Bezugspunkt bildet (vgl. Luhmann 2005: 145). Die Welt kann folglich weder als System betrachtet werden, da sie kein „Außen" bzw. keine Umwelt besitzt, noch kann sie ohne ein „Innen" die Umwelt darstellen. Die Welt umgreift vielmehr alle Systeme und die dazugehörenden Umwelten und bildet so die Einheit von System und Umwelt (vgl. Kneer/Nassehi 2000: 39/40).

Mit der Komplexität wird ein Grundbegriff der funktional-strukturellen Systemtheorie aufgegriffen. „K.[omplexität] selbst wird anfangs eher als Gesamtheit der sinnhaften Möglichkeiten des Erlebens und des Handelns bestimmt, dann erst als systemselektive Gesamtheit möglicher Ereignisse in Form von Elementen spezifiziert [...]." (Krause 2005: 178) Der Mensch ist stetig überfordert mit der Aufnahme der Komplexität der Welt. An diesem Punkt setzten die sozialen Systeme ein; sie haben die Funktion der Reduktion der Komplexität der Welt und sollen so die Grenzen des Erwartbaren einschränken. Sie fungieren somit als Vermittler zwischen der äußeren Komplexität der Welt und der geringen Fähigkeit des Menschen zur Komplexitätsverarbeitung.

Damit soziale Systeme die Komplexität überhaupt reduzieren können, brauchen sie eine eigene bestimmte Komplexität – die Eigenkomplexität. „Je komplexer ein System ist, desto mehr Möglichkeiten besitzt es, auf wechselnde Umweltanforderungen angemessen zu reagieren." (Kneer/Nassehi 2000: 41) Diese Fähigkeit ist allerdings davon abhängig, wie viele mögliche Zustände das System selber annehmen kann. Somit kann ein Sozialsystem nur einen Ausschnitt der Welt begreifen und die Weltkomplexität an sich ist nach Luhmann eher als Verhältnis von System und Welt zu definieren (vgl. Luhmann 2005: 147/148).

Nach Luhmann lassen sich die sozialen Systeme in drei Typen unterscheiden: Interaktions-, Organisations- und Gesellschaftssysteme. Interaktionssysteme kommen durch das Handeln von Anwesenden, zum Beispiel durch ein Gespräch zwischen zwei Personen, zustande und werden in dem Moment beendet in dem die Interaktion abbricht.

Organisationssysteme sind Sozialsysteme, welche die Teilnahme bzw. Mitgliedschaft in ihnen an bestimmte Vorrausetzungen binden. Die Aufgabe der Organisation besteht darin spezielle Handlungsabläufe innerhalb des Systems zu regeln und sie damit für Mitglieder und Nichtmitglieder vorhersehbar zu machen. Ein Beispiel für ein Organisationssystem ist die Universität, da die „studentische Mitgliedschaft" zumindest an die allgemeine Hochschulreife geknüpft ist und das Handeln innerhalb des Systems durch Termine und Fristen geregelt wird. Nach Luhmann ist das Gesellschaftssystem nicht nur das umfassendste Sozialsystem sondern zudem ein besonderer Systemtyp. Alle Interaktions- und Organisationssysteme sind Teil der Gesellschaft, die allerdings nicht ausschließlich in die beiden Systeme unterteilt werden kann. Gesellschaftssysteme bilden vielmehr die Summe aller Interaktions- und Organisationssysteme ab, da eine Vielzahl von Handlungen ihren Ursprung nicht in einem der beiden anderen Systeme hat. Somit können die sozialen Systeme nicht nur in die drei Kategorien unterteilen werden, da jede Kategorie nur einen Teil der sozialen Wirklichkeit erfassen kann (vgl. Kneer/Nassehi 2005: 42/43).

Grund hierfür ist, dass Systeme nicht physisch abgegrenzt werden können, sondern vielmehr durch Sinnesgrenzen, also Elemente von Informationen deren Aktualisierung systemintern bearbeitet werden müssen, abgegrenzt werden.

Der Begriff „Soziale Systeme" umfasst demnach den Sinnzusammenhang von aufeinander verweisenden sozialen Handlungen, die sich von „ihrer" Umwelt abgrenzen. Sobald also Kommunikation unter Menschen stattfindet, entsteht ein soziales System.

2.3 Kommunikation als Operation sozialer Systeme

„Soziale Systeme sind autopoietische Systeme, die fortlaufend Kommunikation aus Kommunikation produzieren." (Kneer/Nassehi 2000: 81). Diese Aussage impliziert schon eine genaue Auseinandersetzung mit Niklas Luhmanns Kommunikationsbegriff. Kommunikation ist die kleinste Einheit eines sozialen Geschehens. Dadurch wird schon ausgeschlossen, dass Kommunikation als ein Geschehen von lediglich einer Person verstanden werden kann. Dies bedeutet auch, dass Kommunikation eine unausweichliche soziale Operation ist, die immer zu Stande kommt, wenn sich soziale Systeme bilden: „Alles, was es auf der Welt gibt, beruht von einem operationalen Theorieansatz her gesehen auf demselben Grundvorgang, demselben Typ von Ereignis, nämlich auf Kommunikation." (Luhmann/Baecker 2009 : 79)

Niklas Luhmann versteht unter Kommunikation allgemein einen dreifachen Selektionsprozess, bei dem Informationen, Mitteilungen und Verstehen selektiert und miteinander kombiniert werden.

Selektion bedeutet hier die Auswahl der Möglichkeiten zu reduzieren, so dass aus einer Fülle an Informationen schließlich eine Information gewählt wird, die letztendlich kommuniziert werden soll. Hier kann schon deutlich aufgezeigt werden, dass die Kommunikation zweifellos eine Operation des Kommunikationssystems sein muss. Beispielsweise kann das Bewusstsein zum einen seine Gedanken nicht kommunizieren, da Gedanken als Medium des Bewusstseinssystems nicht übertagen werden können; zum anderen kann man Gedanken zwar mithilfe von Sprache mitteilen, allerdings kann die Kommunikation keine Auskunft darüber geben, was die Bewusstseinssysteme der beteiligten Personen in dem Augenblick denken. Anschließend wird eine Mitteilungsart gewählt, also eine Möglichkeit ausgesucht die Information zu kommunizieren, beispielsweise kann Müdigkeit durch den Ausspruch „Ich bin müde", aber auch durch ein offensives, lautes Gähnen kommuniziert werden. Der letzte Selektionspunkt stellt das Verstehen dar. Die Mitteilung kann entweder im Sinne des Mitteilenden verstanden werden oder das entgegengesetzte Ziel erreichen, was letztendlich das Missverständnis definiert.

Eine Kommunikation liegt somit vor, wenn eine Auswahl von mehreren Informationen, Mitteilungsmöglichkeiten und Verständnismöglichkeiten getroffen wurde. Strukturen und

Prozesse verstärken die Selektion der Information. Strukturen übernehmen die Aufgabe die Auswahl so vorzunehmen, dass die Elemente der Kommunikation nicht willkürlich sind, sondern nach wie vor unter dem gleichen Aspekt zusammengefasst werden können. Prozesse sind hingegen eine ausgewählte Verknüpfung von Einzelereignissen, die zeitlich aneinander gebunden sind und zeitlich aufeinander aufbauen (vgl. ebenda: 81-94). Kommunikation wird somit als Einheit dieser drei Komponenten definiert. Allerdings kann man keinen Außenfaktor zur Hilfe heranziehen, der eingreift und die Komponenten zusammenfügt, sondern das Bilden der Einheit muss autopoietisch in der Operation selber geschehen (vgl. Luhmann/Baecker 2009: 299).

Das Verständnis einer Mitteilung einer bestimmten Art wird durch eine Anschlusskommunikation suggeriert. Kommunikation ist deshalb auch ein selbstreferentielles System, weil jede Kommunikation auf die vorhergehende Kommunikation verweist. Dies impliziert auch eine Zeitgleichheit der Mitteilung und des Verstehens als Voraussetzung.

Die Funktion, die Niklas Luhmann der Kommunikation zuschreibt, ist die theoretische Findung eines Konsenses, der der Ausgangspunkt für gleiche Weltorientierungen oder gemeinsames Handeln bietet. Da dies in der Realität unwahrscheinlich ist, hat man eine Norm festgelegt, nach der Kommunikation zumindest die Bemühung von Konsens verfolgt.

2.4 Beobachten

Soziale Systeme sind aber auch beobachtende Systeme. Personen beobachten ihre Umwelt und kommunizieren letztendlich darüber. Beobachtung entspricht einer systeminternen Operation, was wiederrum Kommunikation entspricht. Dementsprechend gilt auch, dass Kommunikation immer Kommunikation über etwas oder jemanden ist.

Beobachtung nach Luhmann ist die Bezeichnung anhand einer Unterscheidung. Daraus schlussfolgernd ergeben sich zwei Komponenten, aus denen Beobachtung besteht: die Unterscheidung und die Bezeichnung. Dies bedeutet, ein Objekt wird binär unterschieden, beispielsweise in Mann oder Frau, Lüge oder Wahrheit. Wenn die Unterscheidung gewählt wurde, wird das Objekt damit bezeichnet, also als Frau, Lüge etc. definiert. Dies impliziert, dass erneut erst die Einheit und das gemeinsame Auftreten von Unterscheidung und Bezeichnung die Beobachtung ausmachen (vgl. Kneer/Nassehi 2000: 95-97). Ein Beobachter beobachtet auch nur anhand der Unterscheidung. Somit ist jeder aktive Beobachter, ein Beobachter erster Ordnung. Die Beobachtung erster Ordnung „kann nur das sichtbar machen, was sie sichtbar macht" (Krause 2005: 129). Das bedeutet, dass sie das als Realität ansieht, was sie bezeichnet. Zudem gibt es noch die Beobachtung zweiter Ordnung; „Damit ist gemeint, dass man einen Beobachter beobachtet. Unter den Anforderungen dieses Begriffs bedeutet das nicht, dass man irgendwelchen Leuten zuschaut, sondern dass man sich anschaut, wie sie beobachten." (Luhmann/Baecker 2009: 155). Genauer ist es eine Beobachtung des Beobachters erster Ordnung im Hinblick auf das was er sehen bzw. nicht sehen kann und wie er seine Differenzierung trifft bzw. wie etwas unterschieden wird, zu deffinieren. „Beobachter erster Ordnung ist jeder Beobachter, der beobachtet. Beobachter zweiter Ordnung ist jeder Beobachter, der einen Beobachter beobachtet, die B.[eobachtung] eines Beobachters durch sich selbst eingeschlossen (Selbst/Fremdbeobachtung)." (Krause 2005: 129) Beobachter können sich nicht mit anderen Beobachtern identifizieren, da jeder Beobachter innerhalb seiner eigenen Grenzen betrachtet. Das ist auch der Grund, weshalb Beobachter höchstens andere Beobachter beobachten können, aber nicht an einer anderen Beobachtung teilnehmen können.

Eine Beobachtung kann nur dann betrachtet werden, wenn sie eine Unterscheidung trifft. So ist es möglich, dass ein anderer Beobachter das thematisiert, was der andere nicht bezeichnet hat. Sollte dies in dem gleichen System passieren, spricht man von einer Selbstbeobachtung; wenn es von einem anderen System ausgeht, handelt es sich um eine Fremdbeobachtung (vgl. Luhmann 1990: 79-83).

3. Medien und Politik

Im folgenden Kapitel sollen das Medien- und das Politiksystem nach Luhmanns Ausdifferenzierung beschrieben werden. Dazu sind zum einen die Funktionen der Systeme zu klären, zum anderen sollen die systeminternen Strukturen mehr oder minder analysiert werden. Zusätzlich müssen aber auch die für die Systeme spezifischen Leistungsrollen untersucht werden. Anschließend soll das Verhältnis der beiden Systeme, Medien und Politik, zueinander analysiert werden.

3.1. Mediensystem nach Luhmann

„Mit dem System der Massenmedien sollen im folgenden (sic!) alle Einrichtungen der Gesellschaft erfaßt (sic!) werden, die sich zur Verbreitung von Kommunikation technischer Mittel der Vervielfältigung bedienen. Vor allem ist an Büchern, Zeitschriften, Zeitungen zu denken, die durch die Druckpresse hergestellt werden; aber auch an photographische oder elektronische Kopierverfahren jeder Art, sofern sie Produkte in großer Zahl mit noch unbestimmten Adressaten erzeugen." (Luhmann 2017: 10)

Dies bedeutet, dass unter den Begriff der Massenmedien sämtliche Kommunikationsträger fallen, die eine maschinelle Herstellung von Kommunikation beinhalten. Entscheidend ist somit, dass es keine direkte Interaktion zwischen Autor und Leser gibt, welches durch die Zwischenschaltung von Technik verhindert wird. Dementsprechend bildet die Entwicklung der Technik, die die Herstellung der Produkte des Mediensystems erst ermöglicht, die Voraussetzung der Ausdifferenzierung eines Mediensystems (vgl. Gerhards 1994: 85). Beispielsweise war die Entwicklung der Presse an Johann Gutenbergs Entwicklung der Druckerpresse mit beweglichen Lettern gebunden. Ein autonomes System wurde das Mediensystem erst durch das erfolgreiche Zurückdrängen von externen Einflüssen, beispielsweise der Befreiung der Medien aus kirchlicher oder politischer Unterdrückung (vgl. ebenda).

Die technische Entwicklung der Übermittlungsinfrastruktur ermöglicht eine immer schnellere bis hin zur simultan zum faktischen Geschehen ablaufende Informationsübertragung und damit die Konstituierung der „Weltgesellschaft". (vgl. Luhmann 1981: 364).

Durch die operative Schließung des Systems und die Differenzierung zwischen System und Umwelt ist es gezwungen zwischen Selbst- und Fremdreferenz zu unterscheiden. Dementsprechend kann das Ziel nicht das Erkennen der Beschaffenheit der Welt sein und die öffentliche Verbreitung der Erkenntnis, sondern vielmehr „daß und wie das System in selbstkonstruierten Zeithorizonten Operation an Operation anschließt, sich dabei immer erneut auf die eigene Informationslag bezieht, um Neuheiten, Überraschungen und damit Informationswerte ausmachen zu können." (Luhmann 1995: 14) Diese Beeinflussung der gegenseitigen Berichterstattung wird als „Inter-Media-Agenda-Setting" verstanden (vgl. Jarren/Donges 2006: 185-187):

Sogenannte „Elitemedien" haben demzufolge einen erheblichen Einfluss auf die Themensetzung und übernehmen somit eine Meinungsführerschaft, da sich andere Medien an ihnen orientieren. Allgemeine Medien orientieren sich an den medialen Meinungsführern (vgl. Jarren/Donges: 2006: 188). Diese Orientierung der Journalisten an der Konkurrenz führt zu einer Gleichförmigkeit der Medien. Die Medienagenda entsteht also in einem komplexen Wechselwirkungsprozess zwischen dem Journalismus und seiner Umwelt. Der Kommunikationswissenschaftler Hans Mathias Kepplinger (1998: 54) kritisiert diesen engen wechselseitigen Bezug zwischen den Medien. Er sieht darin eine Entfernung der Medien von der Gesellschaft und befürchtet, dass der Bezug der Medien zur sozialen Realität abnimmt.

Demnach lässt sich die Funktion von Massenmedien durch „Dirigieren der Selbstbeobachtung des Gesellschaftssystems – womit nicht ein spezifisches Objekt unter anderem gemeint ist, sondern eine Art, die Welt in System (nämlich Gesellschaft) und Umwelt zu spalten" beschreiben (Luhmann 2017: 118). Es geht somit um eine universelle Beobachtung, die die Bedingungen ihrer eigenen Möglichkeiten selbst erzeugt und autopoietisch verläuft.

Ihre Präferenz dabei für Informationen, die bereits publiziert wurden, macht deutlich, dass die Funktion von Massenmedien ebenfalls in der Erzeugung und Bearbeitung von Irritation besteht. Der Effekt ist demnach die Entstehung einer Welt- und Gesellschaftsbeschreibung, an denen sich die Gesellschaft innerhalb und außerhalb des Mediensystems orientiert (vgl. ebenda: 19). Dies bedeutet also, dass die Medien eine Realität erzeugen.

Die Möglichkeit der Selbstbeobachtung der Gesellschaft macht somit auch die Auswahl der Publikumsrolle plausibel. Die Massenmedien beobachten die Gesellschaft insgesamt, also auch ihre Teilsysteme – Politik, Wirtschaft, Kunst, Wissenschaft etc. – und kommunizieren diese Beobachtung somit an alle Bürger der Gesellschaft, womit kein spezielles Publikum definiert werden kann. Die Leistungsrolle hingegen nehmen die Anbieter ein, also Verleger und Journalisten, die sich als getrennte Berufe des Pressewesens ausdifferenzierten und Professionalisierungsprozesse durchlaufen haben. Diese Entwicklung sichert die dauerhafte Informationsübermittlung über das Geschehen in der Gesellschaft durch professionelle Informationsanbieter an nahezu alle Mitlieder der Gesellschaft (vgl. Gerhards 1994: 87/88).

3.2. Politiksystem nach Luhmann

Aus Sicht des systemtheoretischen Ansatzes selbstreferentieller Systeme stellt Politik ein funktional differenziertes, selbstreferentielles und autopoietisches System dar. Dies bedeutet, es handelt sich um ein System, dass eine spezialisierte Funktion für die Gesellschaft erbringt, sich in allen seinen Operationen auf sich selbst bezieht und sich auch als Basis seiner eigenen Elemente selbst produziert (vgl. Jarren/Donges 2006: 77).

Als Funktion der Politik nennt Luhmann das „Bereithalten der Kapazität zu kollektiv bindenden Entscheiden" (Luhmann 2002: 84). Genauer bedeutet dies, dass Kommunikation in Form von Entscheidungen auftritt. Dies bedeutet auch, dass die Entscheidungen als nicht anzweifelbare Prämisse für weitere Entscheidungen gelten müssen. Kollektiv ist auf die Selbstreferenz der Kommunikation bzw. der Entscheidung bezogen und sagt somit aus, dass die Entscheidung den Entscheidenden selbst mit einbezieht. Diese Legitimation findet das System der Politik darin, dass sie Macht als Kommunikationsmedium einsetzen kann.

„Bereithalten der Kapazität" heißt in diesem Zusammenhang, dass Politik nicht immer zwingend Entscheidungen treffen muss (vgl. ebenda: 84/85). Aber auch bei Nichtentscheidung müssen andere Systeme damit rechnen, dass die Politik möglicherweise zu einem anderen Zeitpunkt eine Entscheidung trifft.

Dadurch, dass Entscheidungen immer auf anderen Entscheidungen aufbauen, erreicht das politische System so seine operative Geschlossenheit.

Das Kriterium der strukturellen Absicherung innerhalb der Ausdifferenzierung spezifischer Rollen und Organisationen ist ähnlich geregelt, wie im Mediensystem. Die Publikumsrolle im politischen System, in demokratischen Gesellschaften, nehmen alle volljährigen Staatsbürger ein, die die Staatsbürgerschaft haben, und somit die Möglichkeit besitzen am politischen Geschehen teilzunehmen. Die Leistungsrollen hingegen stellen die in Organisationen eingebundenen kollektiven Akteure des Systems dar, beispielsweise Interessengruppen und Parteien, die die kollektiven Ziele artikulieren und aggregieren. Die Regierung und das Parlament sind die Akteure, die die kollektiv verbindlichen Entscheidungen herstellen und die politische Administration der Akteure setzen diese Entscheidungen dann schließlich um (vgl. Gerhards 1994: 94/95).

Alle kollektiven Akteure des politischen Systems sind auf die Zustimmung des Publikums des Systems angewiesen, allerdings in unterschiedlichem Ausmaß. Die Entscheidung darüber, ob es den Parteien gelingt Teil einer Regierung zu werden, hängt von der Menge der Stimmen ab, die sie durch das „Publikum" der Wähler erhalten. Die Maximierung, bzw. Optimierung im Sinne der Theorie nach Luhmann, der Wählerstimmen ist somit das Ziel ihrer Handlungen.

3.3. Verhältnis von Medien und Politik

Das Mediensystem erfüllt die Aufgabe der Selbstbeobachtung der gesamten Gesellschaft und somit auch für alle gesellschaftlichen Teilsysteme. Allerdings ist die Nutzung der Medien von den Teilsystemen davon abhängig, wie viel über und aus dem Teilsystem berichtet wird. Während Wirtschaft, Wissenschaft und Recht eine untergeordnete Rolle in der Berichterstattung spielen, nehmen zum Beispiel Sport und Politik einen großen Anteil ein.

„Die Bedeutung von Öffentlichkeit für die einzelnen Teilsysteme variiert mit dem Grad der Abhängigkeit der Leistungsrollen von der Zustimmung durch ein breites Publikum." (Gerhards 1994: 97). Wenn viel berichtet wird, ist es für Teilsysteme rational sich über die Öffentlichkeit zu beobachten und die eigenen Handlungen an diesen Beobachtungen auszurichten. Speziell sind es im politischen System die Akteure, die sich und andere Akteure über die Medien beobachten können.

Für Wähler stellen Medien die Möglichkeit dar, die Informationskosten für die Wahlentscheidung gering zu halten. Ähnlich rational handeln die Leistungsrollen des politischen Systems. Regierung und Parteien wollen die Regierungsposition erreichen bzw. behalten. Dazu wählen sie die Entscheidungen und Programme, die mit den Präferenzen der Wähler korrelieren, sich aber dennoch von der Konkurrenz abgrenzen können.

Voraussetzung dafür ist natürlich, dass Regierung und Parteien von den Präferenzen der Bürger und über die Angebote der Konkurrenz informiert sind. Somit bieten die Medien für das politische System die Möglichkeit an, das Ungewissheitsproblem zu lösen. Die politische Berichterstattung dient der Politik als Indikator für die Erfassung der Bedürfnispräferenzen der potentiellen Wähler und der Angebote der anderen Parteien.

PR-Agenten, die versuchen wollen, das Bild einer Person in Medien zu lenken, müssen zwei Handlungsrationalitäten berücksichtigen: die des politischen Systems und die des Mediensystems. Nur durch die Maximierung der Unterstützung von Seiten der Bürger kann es den Parteien gelingen die Regierungsposition zu erreichen. Wenn diese Parteien ihre Botschaft allerdings öffentlich machen wollen, müssen sie diese nach den Sinnstrukturen des Mediensystems verbreiten (vgl. ebenda).

Demnach lassen sich verschiedene Positionen über das Verhältnis von Politik und Medien formulieren. Zum einen, dass die Politik durch sogenannte „Pseudoereignisse"[3] die Medien steuert und durch Kommunikationsstrategien die politische Berichterstattung und Inszenierung bestimmt und zum anderen, dass die Medien durch Vorgaben von Bedingungen für die Berichterstattung die Politik steuern. Zudem können Medien als vierte Gewalt die Realisierung der Kommunikationsziele der Politik erheblich erschweren (vgl. Schmitt-Beck/ Pfetsch 1994: 114/115).

Luhmanns Theorie selbstreferentieller Systeme sieht allerdings nicht vor, dass eines der beiden Systeme das Zentrum der Gesellschaft darstellt, da alle Systeme gleichrangig neben anderen selbstreferentiellen Systemen existieren. Weder Politik noch Medien können die Gesellschaft, noch einzelne Teilsysteme bzw. sich gegenseitig steuern, denn dadurch wird die

---

[3] „Pseudoereignisse sind Aktionen, die nicht sattfinden würden, wenn es kein Mediensystem gäbe. Für politische Akteure sind sie ein Instrument, das so gestaltet werden kann, daß (sic!) politische Bedeutungsgehalte mit größtmöglicher Wahrscheinlichkeit die Wahrnehmungsfilter des Mediensystems passieren können." (Schmitt-Beck/Pfetsch 1994: 113)

Selbstreferentialität der anderen Systeme angegriffen und zerstört (vgl. Jarren/Donges 2006: 78). Würde die Politik durch Zensur vorschreiben, was Medien veröffentlichen dürfen oder nicht, könnte das System zwischen seinem Inneren und Umwelt nicht mehr differenzieren. Ebenso können Medien die Politik nicht steuern, da die Funktion der Politik sich dadurch nicht verändert.

Der aktuelle Stand der Forschung weist eher auf vielfältige Abhängigkeiten und Interaktionen zwischen Medien und Politik hin, was mit dem Interdependenzmodell beschrieben werden kann. Grundlage des Verhältnisses ist eine wechselseitige Tauschbeziehung zwischen Medien und Politik, bei welcher Information gegen Öffentlichkeit und Aufmerksamkeit getauscht wird (vgl. Sarcinelli 1994: 39). Das Mediensystem ist abhängig vom Input, also von den Informationen aus der Politik, wohingegen die Politik von den Medien abhängig ist, da sie die Verbreitung von Informationen garantieren. „So entsteht zwischen Politik und Medien ein Handlungssystem, das durch die Akteure und ihre Interaktion konstituiert und durch Rollen und Regeln stabilisiert wird." (Jarren/ Donges 2006: 25).

4. Beispiele

Nach der theoretischen Grundlage werden im Folgenden am Beispiel der klassischen Presse und der Online-Medien deren mögliche Einflüsse auf die Politik untersucht. Der Begriff der Presse wird nicht spezifiziert, wohingegen bei den Online-Medien der Fokus auf der Videoplattform „YouTube" liegt, die Benutzern die Möglichkeit bietet, kostenlos Videoclips anzusehen, zu bewerten, zu kommentieren und selbst hochzuladen.

4.1. Das Beispiel der Presse

Die Presse und der Journalismus sind der Beweis dafür, dass es innerhalb des Mediensystems zu einer Professionalisierung kam, wie im Kapitel 3.1. schon beschriebe wurde. Allein durch die Existenz eines Pressekodex soll durch dessen Einhaltung durch die Journalisten die Berufsethik gewahrt bleiben.[4] Die Presse wird als Verbindungs- und Kontrollorgan zwischen dem Volk und den gewählten Repräsentanten verstanden (vgl. Prantl 2016: 18). Daraus ableitend kommt der Presse eine Vermittlerfunktion zu; sie soll das Volk über Entscheidungen, Beschlüsse und Regierungsbildung informieren, aber auch Regierung und Repräsentanten ein Bild der Interessen und Sorgen der Bevölkerung liefern. Aus diesem Grund wird und kann sie auch als vierte Gewalt bezeichnet werden. Beispielhaft dafür können

---

[4] Quelle: http://www.presserat.de/pressekodex/pressekodex/; zuletzt aufgerufen am 22.03.2018.

die Enthüllungsberichte um den SPD-Politiker Sebastian Edathy oder den ehemaligen Bundespräsidenten Christian Wulff angebracht werden, die die Thematisierung von Konflikten und Normverstößen als zwei Kriterium für die Selektion von Informationen veranschaulichen.

Des Weiteren sollten Presse und Pressefreiheit als Möglichkeiten angesehen werden, um die Transparenz zu erhöhen und daraus folgend als Voraussetzung für funktionierende Demokratien verstanden werden (vgl. ebenda: 23). Schließlich kann man heute am Beispiel Afrikas feststellen, dass in Ländern mit garantierter Pressefreiheit am ehesten von demokratischen Verhältnissen gesprochen werden kann. Die Macht und Kraft der Presse wird vor allem bei der Veröffentlichung und Aufklärung strafrechtlicher und völkerrechtlicher politischer Skandale deutlich. So meinte der damalige UN-Generalsekretär Kofi Annan zum Tag der Pressefreiheit im Jahr 1999, „[d]ie Pressefreiheit ist ein Grundstein der Menschenrechte. Sie macht die Regierungen für ihre Taten verantwortlich [...]."[5]

Oder Niklas Luhmann, der formulierte: „Alles, was wir über die Gesellschaft und die Welt, in der wir leben, wissen, wissen wir durch Journalisten." (zit. nach Offenhäußer 2008: 23) Demnach haben die Journalisten und die Presse die Aufgabe, Informationen nach ihrer Wichtigkeit zu filtern und somit nehmen sie die Rolle der Realitätsvermittlers ein, was wiederum der Realitätsvergewisserung dient (vgl. Offenhäußer 2008: 23; Prantl 2010: 15).

Umso bedeutender ist in diesem Fall auch die Pressefreiheit in einem Staat. Durch sie kann das System dementsprechend „eine Beschreibung der Realität [erzeugen], eine Weltkonstruktion, und das ist die Realität, an der die Gesellschaft sich orientiert." (Luhmann 1998: 1102, Herv. i.O.). Schlussfolgernd daraus kann man erkennen, dass die Funktion, die Luhmann dem Mediensystem zuspricht, durch die Allgemein verstandene Funktion von Presse erfüllt wird, wie sie bereits unter 3.1. beschrieben wurde.

Ebenfalls wird die hohe gegenseitige Abhängigkeit der Presse, als Teil des Mediensystems, und der Politik erkennbar. Die Politik liefert Ereignisse und Informationen, über die die Presse berichten kann. Die Politik erhält wiederum aus der Berichterstattung die Meinung der Gesellschaft zu bestimmten Themen und Konflikten und kann diese bei neuen Beschlüssen zu berücksichtigen. Ein Unterschied in der Beziehung zwischen Presse und Politik ist allerdings, dass die Presse die Politik dahingehend beeinflussen kann, dass zum Beispiel die Veröffentlichung von Normverstößen Politiker bzw. Repräsentanten ihre Position kosten

---

[5] Quelle: https://www.unric.org/de/pressemitteilungen/4828; zuletzt aufgerufen am 22.03.2018.

kann, wohingegen die Politik die Presse kaum sanktionieren kann, ohne gegen demokratische Vorsätze und Richtlinien zu verstoßen. Trotz dessen kann behauptet werden, dass die Wechselwirkung von Medien und Politik ein Garant für die Förderung des Gemeinwohls ist.

Als ein sehr gutes Beispiel für den großen Einfluss von Presse und Medien auf die Politik kann das Land Schweden und speziell die Gesetzgebung des Landes angeführt werden. Wird in Schweden ein Gesetzesvorschlag vorgelegt, wird über diesen in Laufe von zwei Legislaturperioden im „Riksdag" abgestimmt. Zunächst während der Legislaturperiode, in der das Gesetz vorgelegt wurde, und einmal nach der Neuwahl des „Reichstages".[6] Das Volk hat so die Möglichkeit die Regierung wieder- oder abzuwählen, je nachdem, wie sich das Volk zu einem bestimmten Gesetzesentwurf positioniert. Die Presse hat somit die verantwortungsvolle Aufgabe, die Bevölkerung ausreichend über geplante Gesetzesbeschlüsse zu informieren. Sie kann hier berechtigt als vierte Gewalt bezeichnet werden.

4.2. Das Beispiel der modernen Online-Medien

Die Funktion der Online-Medien kann sich aufgrund der Tatsache, dass diese Teil des Mediensystems sind, nicht von der Funktion von Presse oder anderen Medien unterscheiden. Somit dient „YouTube", als ausgewähltes Beispiel für ein Online-Medium, ebenfalls der Selbstbeobachtung der Gesellschaft.

Schließlich ist die Videoplattform nach Luhmanns Systemdefinition ein operativ geschlossenes System, dass sich durch Professionalisierungsprozesse ausdifferenzieren konnte. Die Tatsache, dass die Plattform früher vornehmlich „Hobby-Regisseuren" diente ihre selbstgedrehten Kurzfilme und Videos hochzuladen und mittlerweile die Funktion „Influencer" als Beruf gilt, verdeutlicht diese Ausdifferenzierung. Verdeutlichen kann dies folgende Aussage aus einem Artikel der Süddeutschen Zeitung: „Denn neben einem Archiv ist Youtube (sic!) längst auch und vor allem: ein extrem erfolgreicher, im Westen mühelos alle Grenzen überschreitender, mächtiger Entertainment-Konzern mit einer Armee von Scheinselbständigen." (Rabe 2018).

Nach der Systemtheorie haben Mediensysteme die Codierung Information/Nichtinformation, die auch auf die Onlineplattform zutrifft. Allerdings umfasst dies nicht die Gesamte Spannweite an Inhalten, die „YouTube" anbieten kann, weswegen die Codierung von Input/Output wohl zutreffender ist und die binare Codierung allgemeiner Massenmedien beinhaltet.

---

[6] Quelle: https://sweden.se/society/the-swedish-system-of-government/; zuletzt aufgerufen am 22.03.2018.

Interessanter ist allerdings der Effekt, des Einflusses (?) des Online-Mediums auf andere Teilbereiche der Gesellschaft. Durch die Möglichkeit jeden beliebigen Inhalt hochzuladen, findet sich automatisch eine hohe Vielfalt qualitativ unterschiedlicher Inhalte wieder. Demnach können Inhalte die auf „YouTube" veröffentlicht werden alle Lebensbereiche abdecken. Es werden zum Beispiel Informationen zu Rezepten, zur Wissenschaft, zur Wirtschaft und vor allem auch zur Politik angeboten. Kanäle wie „LeFloid", „Was geht ab?!" oder „MrWissen2go" liefern und kommentieren Nachrichten im Videoformat und bieten Zuschauern die Möglichkeit ebenfalls Diskussionen zu Starten und sich zu beteiligen (vgl. Jauch/ Detlefsen 2015)

Die Informationsbeschaffung über „YouTube" stellt keinesfalls die sprichwörtliche „Neuerfindung des Rads" dar, sondern fungiert vielmehr als weitere Möglichkeit einer Quelle von Informationen, die vor allem jüngere Menschen anspricht. So stellten auch Emmer et al. in einer Studie fest, dass „politische Videos (noch) keine herausragende Rolle in der politischen Online-Informationskommunikation [spielen]. Allerdings werden durch sie insbesondere jüngere Personen und auch Personen mit niedriger Bildung und generell eher niedrigem sozioökonomischen Status angesprochen, die sonst nur schwer durch politische Botschaften zu erreichen sind." (Emmer et al. 2011: 139). Dies macht deutlich, wie drastisch die Bedeutung von Online-Medien fehlinterpretiert wurde.

Vielmehr wird YouTube aktuell von Medienpädagogen als eine der größten Informationsquellen für Jugendliche zur politischen Bildung betrachtet (vgl. Braun: 2016).

Ausgehend davon kann das Verhältnis zwischen „YouTube" und Politik zusammenfassend so erläutert werden, dass sowohl die aus anderen Teilsystemen der Gesellschaft kommenden Produzenten die auf der Videoplattform veröffentlichen, genau wie die Politik, ihre Inhalte und Themen in Erwartung der größtmöglichen Aufmerksamkeit wählen. Ebenso kann auch die Politik die Aufmerksamkeit und Reichweite vor allem bei Neuwählern und jungen Leuten erhöhen, wenn sie gezielte Kooperation mit einigen Produzenten eingeht.

Die Online-Medien sind demnach für die Politik eine weitere Möglichkeit ihre Reichweite zu vergrößern, was wiederum den Einfluss der Medien auf die Politik darstellt. Medien haben so einen großen Einfluss darauf, wo und wie sich die Politik darstellen und präsentieren möchte.

Beispielhaft kann die Videoreihe unter dem Titel „#DeineWahl" vor der Bundestagswahl 2017 genannt werden. Innerhalb dieser Reihe interviewten bekannte und einflussreiche Produzenten – sogenannte „YouTuber" – Bundeskanzlerin Dr. Angela Merkel zu unterschiedlichen Themen, zu welchen die Zuschauer Fragen stellen konnten, die innerhalb dieser Interviews von der Bundeskanzlerin beantwortet werden sollten.

5. Fazit

Im Verlauf der Arbeit wurde die Systemtheorie nach Niklas Luhmann erörtert. Demnach beruht die Ausbildung von Systemen auf dem Ansatz der funktionellen Differenzierung, nach der jedes System eine spezifische Aufgabe übernimmt.

Die Aufgabe von sozialen Systemen ist die Reduktion von Komplexität. Das Mediensystem als soziales System versucht demnach durch Kommunikation und Beobachtung unser Weltbild zu definieren und die Komplexität der Welt zu verringern. Durch Beobachtung versuchen die Medien, als Teil der Gesellschaft, die Gesellschaft zu beschreiben; durch Kommunikation soll ein Konsens dieser Beschreibung gefunden werden.

Medien beeinflussen die Gesellschaft in hohem Maße in ihrer eigenen Betrachtung, also ihrer Selbstbeobachtung. Dies ist allerdings auch die einzige Möglichkeit, wie Medien andere Teilsysteme beeinflussen können. „Die Rahmen von Luhmanns theoretischer Konstruktion artikulierte prinzipielle Unmöglichkeit bereichsübergreifender Kommunikation bedeutet auch die Unmöglichkeit, sinnvoll in Systeme zu intervenieren oder sie erfolgreich steuern zu können. Es wird von einer Vielfalt wechselseitiger Abhängigkeiten und Beeinflussungen ausgegangen, wobei sich lediglich die Möglichkeit erhöhter Sensibilität für externe Störungen, die die Systeme nach ihren intern festgelegten Codes und Programmen wahrnehmen bzw. bearbeiten, vorgesehen ist." (Barben 1996: 255)

Somit kann die Frage beantwortet werden, wie sich Systeme trotz operativer Geschlossenheit beeinflussen können, nämlich durch die Kommunikation über und miteinander, da alle durch spezifische Kommunikationsmedien, wie Sprache oder Geld, miteinander verbunden sind (vgl. Krause 2005: 46).

Vor allem bei der Politikberichterstattung stellen die Massenmedien, neben Freunden und Bekannten, die wichtigste Informationsquelle dar. Allerdings haben Freunde und Bekannte (größtenteils) ihre Information ebenfalls aus den Medien (vgl. Kepplinger 1998: 209). Somit kann die Politik sichergehen, dass wichtige Informationen durch Medien verbreitet werden. Daraus folgend kann davon ausgegangen werden, dass die Politik unaufhörlich Informationen und Themen für die Berichterstattung liefert.

Ebenso kann aber auch gesagt werden, dass die Berichterstattung der Medien auch die politische Agenda beeinflusst, da sie die Gesellschaft darstellt und somit die Politik auch aus ihnen Informationen und Themen ziehen kann, die die Bevölkerung beschäftigen. Denn nur so ist es in einer indirekten Demokratie möglich, Einfluss auf die politische Agenda zu nehmen. Diese Feststellung dient somit auch der Beantwortung der eingangs formulierten Frage nach der Art und Weise der Einflussnahme der Medien auf die Politik.

Kritisch könnte man die Theorie dahingehend betrachten, dass die Definition von Massenmedien nicht mehr als ausreichend aktuell angesehen werden kann, denn es wurden beispielsweise moderne Online-Medien, wie Twitter, Facebook und auch YouTube, von Luhmann nicht mehr erfasst. Zudem beschreibt Luhmann, dass Systeme autopoietisch und operativ geschlossen sind und sich somit schlussfolgern lassen kann, dass sich Systeme nicht gegenseitig beeinflussen können. Dennoch steht die Tatsache, dass sich Systeme durch Kommunikation beeinflussen können, im Widerspruch zur Theorie.

I. Literaturverzeichnis

Monographien

Barben, Daniel: Theorietechnik und Politik bei Niklas Luhmann, Opladen, 1996.

Emmer, Martin/ Vowe, Gerhard/ Wolling, Jens: Bürger online. Die Entwicklung der politischen Online-Kommunikation in Deutschland, Konstanz, 2011.

Jarren, Otfried/Donges, Patrick: Politische Kommunikation in der Mediengesellschaft, Wiesbaden, 2.Auflage, 2006.

Kepplinger, Hans Mathias: Die Demontage der Politik in der Informationsgesellschaft, München, 1998.

Kneer, Georg/ Nassehi, Armin: Niklas Luhmanns Theorie sozialer Systeme. Eine Einführung, München, 4. Auflage, 2000.

Krause, Detlef: Luhmann Lexikon. Eine Einführung in das Gesamtwerk von Niklas Luhmann, Stuttgart, 4. Auflage, 2005.

Luhmann, Niklas: Soziale Systeme. Grundriß einer allgemeinen Theorie, Frankfurt am Main, 3. Auflage, 1988.

Luhmann, Niklas Die Wissenschaft der Gesellschaft, Frankfurt am Main, 1990.

Luhmann, Niklas: Die Realität der Massenmedien. 376. Sitzung Am 13. Juli 1994 in Düsseldorf, Opladen, 1995.

Luhmann, Niklas: Die Gesellschaft der Gesellschaft, Frankfurt am Main, 1998.

Luhmann, Niklas: Die Politik der Gesellschaft, Frankfurt am Main, 2002.

Luhmann, Niklas/Baecker, Dirk: Einführung in die Systemtheorie, Heidelberg, 5. Auflage, 2009.

Luhmann, Niklas: Die Realität der Massenmedien, Wiesbaden, 5. Auflage, 2017.

Marcinkowski, Frank: Publizistik als autopoietisches System, Opladen, 1993.

Beiträge in Sammelbänden

Luhmann, Niklas: Soziologie als Theorie sozialer Systeme, in: Ders. (Hrsg.): Soziologische Aufklärung 1, Wiesbaden, 7. Auflage, 2005, S. 143-173.

Luhmann, Niklas: Veränderungen im System gesellschaftlicher Kommunikation und die Massenmedien, in: Ders (Hrsg.): Soziologische Aufklärung 3, Wiesbaden, 4. Auflage, 2005, S. 355-368.

Offenhäußer, Dieter: Pressefreiheit ist das Barometer für Demokratie!, in: Reisewitz, Perry (Hrsg.): Pressefreiheit unter Druck. Gefahren, Fälle, Hintergründe., Wiesbaden, 1. Auflage, 2008, S.17-24.

Prantl, Heribert: Pressefreiheit-das tägliche Brot der Demokratie. Wert und Gefährdung eines Ur-Grundrechts, in: Welker, Martin/Elter, Andreas/Weichert, Stephan (Hrsg.): Pressefreiheit ohne Grenzen? Grenzen der Pressefreiheit, Köln, 2. Auflage, 2016, S. 14-27.

Sarcinelli, Ulrich: Mediale Politikdarstellung und politisches Handeln: analytische Anmerkungen zu einer notwendigerweise spannungsreichen Beziehung, in: Jarren, Otfried (Hrsg.): Politische Kommunikation in Hörfunk und Fernsehen. Elektronische Medien in der Bundesrepublik Deutschland, Opladen, 1994, S. 35-50.

Aufsätze in Fachzeitschriften

Gerhards, Jürgen: Politische Öffentlichkeit, in: Kölner Zeitschrift für Soziologie und Sozialpsychologie, Sonderheft 34, 1994, S. 77-106.

Schmitt-Beck, Rüdiger/ Pfetsch, Barbara: Poltische Akteure und die Medien der Massenkommunikation. Zur Generierung der Öffentlichkeit in Wahlkämpfen, in: Kölner Zeitschrift für Soziologie und Sozialpsychologie, Sonderheft 34, 1994, S. 106-138.

Online Quelle

Rabe, Jens-Christian: Verwertungsmaschine, in: http://www.sueddeutsche.de/politik/youtube-verwertungsmaschine-1.3831895; zuletzt aufgerufen am 22.03.2018.

Jauch, Matthias/ Detlefsen, Beke: Wie Youtube Politik serviert, in: https://www.stern.de/digital/youtube--so-informieren-sich-jugendliche-ueber-politik-6341710.html; zuletzt aufgerufen am 22.03.201